AF222460

Lyrik 2000 S

http://www.lyrikpreis.info

Titelbild: Hans van Ooyen

Lektorat / Korrektorat: Cornelia Eichner - http://www.medeia4you.de

Layout: Cornelia Eichner / Andreas Sticklies - http://www.sticklies.tv

Herstellung und Verlag: Books on Demand GmbH, Norderstedt

ISBN-10 3-8334-6888-2

ISBN-13 978-3-8334-6888-9

Andreas Sticklies (Hg.)

Lyrik 2000 S

Tangonächte

Beiträge aus
dem gleichnamigen
Lyrikwettbewerb 2005

Autorinnen und Autoren	Titel / Erste Zeile	Seite

Autorinnen und Autoren   Titel / Erste Zeile   Seite

Dr. Sabrina Hausdörfer

Vor dem ersten Schritt

Stillsanfte Tage in Blassblau.
Aus Furcht zu entgleisen
schmieg ich mich untergefügt
ins warmgekuschelte Langweil.
Weil es kein Fürchten lehrt.

Stumpf umschlungen vom Leer
der Stunden die niemand erwarten
& niemand gehören als dem
der die Schildkröten führt.

Warum leint der aufrechte Mensch
nicht ganz entspannt so schlagartig
gepanzert all seine Schatten an?

Wär nur mehr schild
bekrötet die Zeit.

2. Platz

Volker Best

balanceo

nasser asphalt
unter der laterne
zwischen licht und tod
zwei menschen
wiegt sich ein schatten

3. Platz

Eckhard Schmidt-Dubro

Tango banal

Und es war Schnee
und die Waggons waren offen,
offene Wagen für sperriges Gut,
Eisenstäbe, Abflussrohre,
diesmal für Menschen,
es war Krieg, es war Flucht,
und es gab wenig Platz,
und die Zeit war ohne Zeit.

Der Himmel hatte genug,
die Tränensäcke waren voll,
unheimliche Lust zu weinen,
der Regen floss, aber fror,
und jede Flocke Schnee
ein Kristall, einzigartig,
geborgen, verloren, Schmerz,
aus Tränen und Frost.

Und die Waggons voll Schnee
quietschen in den Bahnhof,
zerbombt, die Dächer hinweg,
das Stahlgestänge gen Himmel,
„Ich küsse Ihre Hand, Madame",
krächzte ein Grammophon,
leichte Musik sollte geboten,
freudiger Empfang bereitet werden.

Und es war Schnee und Frost
und Wind, und ein Stück Schnee
erhob sich, und es war ein Mensch,
eine Frau, zerrte die Kleider vom Leib
und sang, versuchte zu singen, zu tanzen
eiszapfenstarr, sollte wohl ein Tango sein,
und jemand tanzte mit ihr, eiszapfenstarr:
marcar y responder, y responder.

Und sie war wohl schon erfroren,
schon vor dem Tanz, starb hinweg,
zwei, drei Köpfe aus dem Schnee,
schüttelten sich, verkrochen sich wieder,
Pfeifen, Signalpfeifen, die Waggons
wurden rangiert, hinausrangiert,
Güterbahnhof, Dunkel, Abstellgleis:
„Ich küsse Ihre Hand, Madame."

13

4. Platz

Ulrike Brügger

Figuren in der Nacht

Die Nacht mit ihren Arenen,
den Pools und ihren tanzenden,
immer wachen Sternen, mit ihren
überfließenden Himmeln, die rot
und schwer in unsere Glieder strömen.

Wie gnadenlos wir
unseren Schritten folgen,
und wie ein Rhythmus
die Körper durch das Dunkel wirft.

An den leuchtenden Rändern schwimmen
schwarze Fische, andere sitzen nebenan
in den Clubs in rauchloser Stille,
aus der wir auftauchen
und mit glänzenden Schuppen weiterfließen,
neue Figuren in neue Räume drehen.

Am meisten vermissen wir
die Architekten dieser Nächte,
ihre glühenden Himmel
und die Musik, ihren dunkelsten Stern.

Kerstin Becker

**Entgegen
Kommen**

Er legte
Seine Hand auf
Ihre Narbe pochte sie
Steckte
Ihre Zunge ein
Strich dürre Haut
Nass er
Sprang dunklen Auges
Aus entworfenen
Zeilen

Musik
Schlich um
Sie herum sie
Musterte seinen
Seelenstumpf roh

Gerd Berghofer

sie liebte den tanz, er liebte die primzahlen
beim tango konnte er besser denken
sie liebte den anstoß der haltung

in seinen binomalkoeffizienten
armen liegend, im wie-ge-schritt
blitzte in ihr etwas wie fruchtbarkeit

auf zwischen posen und flicks
und dem kleinen satz von fermat
in dieser nacht ergriff ihn am meisten das stakkato

der köpfe das er zur untermauerung
der prüfung der primalität einer zahl
nachher wärmstens weiterempfahl

während sie irrig angenommen hatte
seine zwischen ihre beine gerichtete fußspitze
sei ein zeichen.

Doris Bewernitz

Blaue Nächte

Blaue Nächte, weiche Klänge,
wilde Herz- und Hautgesänge!
Paare aller Altersklassen
kriegen sich am Rumpf zu fassen,
zeigen ihre Tänzerkunst
für den Beifall und die Gunst,
rauschen, schwelgen, schaukeln, schweben ...
Tango eben.

Wie da die Gemüter toben!
Sie mal unten, er mal oben,
Körper, die sich sanft tangieren,
Augen, die sich fest taxieren,
wie sie schieben, wie sie schreiten,
wie sie übers Hölzle gleiten!
Das kann einen sehr erheben.
Tango eben.

Ich steh' scheu und eckennah
fast, als wär' ich gar nicht da,
denn es ist mir nicht vergönnt,
das, was man den Tango nennt
auszuüben mit Geschick,
darum halt ich mich zurück.
Gucke zu und steh' daneben.
Tango eben.

Ach, die Nummer vierunddreißig
schiebt und schlängelt sich gar fleißig.
Hoppla, welch ein schöner Mann!
Ob der das schon immer kann?
Eine schlanke Blondgezechte
zieht er in die Waagerechte.
Wie sie aneinander kleben!
Tango eben.

Wär' doch *ich* nur die Blondine
die er da mit Kennermiene
in den siebten Himmel hebt,
dass mir glatt der Busen bebt ...
Und dann legt er sanft sie nieder,
fast zu Boden, reißt sie wieder
an sich mit gekonntem Streben!
Tango eben!

Wie sie Brust an Brüstchen drücken!
Ich gerate in Entzücken!
Wie sie flott die Körper strecken!
Wie sei meine Sehnsucht wecken!
Ach! Es ist schier ohnegleichen.
Und ich wird' das nie erreichen,
nie dem All entgegenschweben ...
Tango eben.

Wunder im Vier-Achtel-Takt:
Schwelgend, schwingend, abgehackt,
unterhäutig die Synkopen,
grad, als wär' man in den Tropen,
tolle, schwüle Sinnlichkeit,
lasterhaft und lustbereit,
Leiber, die sich wild umweben ...
Tango eben.

Tango, dieses Spiel der Lüste,
wenn ich nur den Schlüssel wüsste!
Paar um Paar berauscht sich gleißend
alle Herzen mit sich reißend!
Wie sie wirbeln! Wie sie fliegen!
Ich muss das wohl auch mal üben,
ins Mysterium mich begeben,
Tango eben.

Blaue Nächte, Siegerehrung,
schöne Ruhm- und Geldvermehrung.
Sanft verklingen nun die Töne
und ich klatsche und ich stöhne,
denn die Nummer vierunddreißig
ist der Sieger! Rot und schweißig
kommt er her, mein Herz pocht wild,
ich entfern' das Nummernschild
von dem Rücken meines Gatten,
wo wir's früh befestigt hatten,
schließ' ihn sicher in den Arm
und mir wird ganz herrlich warm.
Nun ist die Turniernacht aus,
er und ich, wir geh'n nach Haus,
Hand in Hand, das ist mein Leben.
Tango eben.

Elisabeth Blöcker

Es kann sein   oder
Tanzstunde für Fort-Geschrittene

es kann sein
dass ein Gespenst hervorbricht
das schleift dich hinter sich her
wie farbloses Blut
führt dich nach unten
in Fesseln und glänzenden Fellen
in Tangoschritten
wiegend das Gewicht deiner Augen
in hohler Hand: ob du wohl
reif bist - schlag es nicht
vor die Stirn schlag ihm
den Wunsch nicht aus
dich zu trinken was weißt du
von Tänzen
auf Schwelbrand
und flüssig wie Seide

Magdalena Bott

Tangonacht

schwülwarmer Abend
wir sitzen und trinken
plaudern und lachen
ein einsames Akkordeon
spielt melancholisch im Hintergrund

der Abend ist jung
und die Nacht lang

Stimmengewirr im Lokal
ein Paar tanzt zur Musik
ich genieße dich
deine Stimme, dein Lachen

wir sitzen lange
und trinken
erzählen uns alte Geschichten
dazu das einsame Akkordeon,
das zum Tanzen lockt

spät in der Nacht,
der schwülwarmen
tanzen wir alleine
den Tango der Liebenden

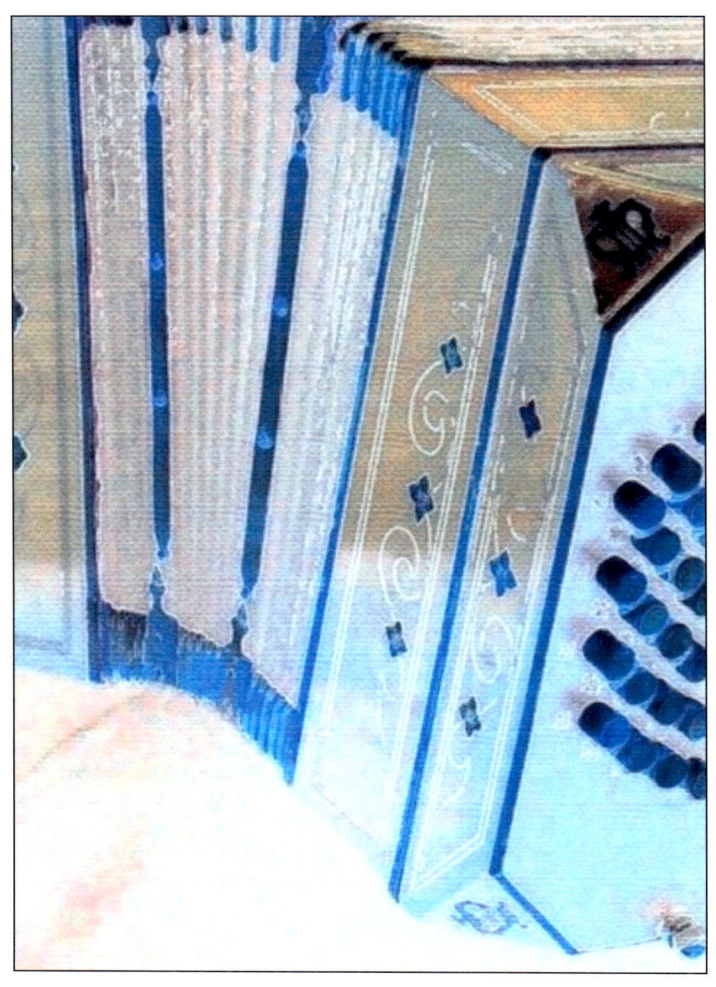

Bandoneum

Carmen Caputo

Jeder kennt den Duft, der die Nacht in Relativitäten teilt ...

es riecht nach tango.

er. Ellien.

war es
den ich sah
im blatt vieler winter hatte er seine armschläge
geübt
jetzt im sommerschatten dieser
mondlangen nacht durchzog er mit seinem
verstreuten schatten die grieshelle wand
um seiner runde zeitlosen schritt
entgegen zu schweben
zu ihr

zu Ellien

legte er sich lau und weich
in diese Nacht hinein
in der ein mensch sich dem anderen verbeugt

wie

sie. Elliane.

das äußere auge vermag unter den klängen
die schönheit nicht zu zer
stäuben wie blüten ein lusttropfen hängt
an ihrer wimper (er schmeckte nach sekt)
trug sie den kopf himmelwärts
ungeliftet, hart geschminkt
in diesen nächten, von denen es die eine oder andere
ein gleichmäßiges cremen ihrer
berührungen war

ins mondspiel noch ein lächeln zu weben
um dann den herz
schlag aufzugreifen.

wanken mit angehobenen flanken!
drehen mit fliegenden säumen!

ein blick

lust

be

     zäh

         mung

            lust

wirft er sie um.

Jürgen Cissarek

Ich tanze durch die Nacht

Wenn Tränen trocknen
Von der heißen Luft der Begierde
Von der Liebe deines Lebens
Wagst du den Tango in der Nacht
Und berührst die Glückseeligkeit.

Ein für allemal
Gefunden, was nicht gesucht
Denn der Glaube fehlte
So sehr deformiert
Von den Lügen des Alltags
Und der anderen Seite der Nacht.

Wenn ich mich drehe
Mit mir im Rhythmus des Lebens
Meine Schritte erwähle
Der silberne Mond mich erfüllt
Vertreibe ich die Gespenster von Gestern
Ganz so, als gäbe es nur Heute und Morgen.

Ich tanze durch die Nacht
Vorbei an den Engstirnigkeiten
Und kleinkariertem Denken
In deine Arme
Für die Ewigkeit

Yvonne von Croy

12 Stunden Buenos Aires

Rosa durchfrostete
Fassaden
im Winterlicht
der
Tagesneige

Geschichten
zeitloser Melancholie
fallen
dunkel
auf unsere Haut,
wenn
der nächtliche Tango
beginnt,
den Rhythmus im Blut
zu schlagen
und
die Nacht
durch die Adern
zu jagen,
-
blutroter Wein
wie
Tau
auf zersprungenen Lippen

Blau
durchnebelter Morgen,
gliederschwer
im Dämmerlicht
des zerrinnenden Seins

Mag. Alois Eder

Vulkan-Tango

Wann hab ich's bemerkt,
dass Herz und Lungen
in dir längst
Bandoneón spielen,
bevor mein täppischer Schritt
einschwenkt in den Rhythmus?

Aber dann
kribbelt es in meinen Fingern
nach Strings:
dir in die Saiten greifen
und spielen ...
Und wenn's nur der Knoten
an einem String-Tanga wäre,
den sie lösen ...

Und die Lippen
suchen hektisch
überall an deiner Haut
nach einem Mundstück.
Es muss gar kein Saxophon sein,
dessen Rohrblatt mein Atem
in Schwingung versetzt ...

Meine Zunge umkreist
wie ein Kondor
alle ebenmäßigen Gipfel
auf deiner Haut.
Aber erst die Perkussion
leitet ein die Ekstase ...

Von ferne die Stimme
der Nachrichtensprecherin,
die Musik unterbrechend:
der Popokatepetl habe
soeben durch seinen Ausbruch
einen ganzen Landstrich erschüttert ...

Dr. Paul Eßer

**Komm, mach mir den Tango,
venga, Fierro.**

Vier knallende Schritte
raumgreifend nach vorn,
ruckartig der Ausfall
scharf nach rechts,
abruptes Verharren,
sie steht als Säule,
gebändigte Kraft,
eine schwindelnde Drehung
um die eigene Achse,
wieder der Halt,
nimmt ihr Körper
den ziehenden Ton
nicht mehr an?

Atmen, Blick in die Ferne,
verschlungene Klänge
ranken an ihr empor,
da - ein kurzes,
mahlendes Kreisen der Hüften,
ihr Körper fällt zurück,
das rechte Bein schnellt vor,
der Rhythmus zieht sie
in die Mitte des Lichts,
sie hat den Kopf
in den Nacken geworfen,
naß glitzert ihre Haut
auf Schultern und Stirn,
ritualisierte Schritte
gesetzt auf die Bretter,
das Piano ebbt weg,
rauchig ihre Stimme:

Martin Fierro, Sänger der Gauchos. Eine Erscheinung

Von den Riffen
der eisstarren Sierra
klirrt nächtens gespornt
der No-nacido,
der seine Träume verbrannt hat,
seinen Durst mit Sand gelöscht
Jahr um Jahr;

sein Anblick schwängert
die Blumen der Pampa
mit neuem Verlangen
und neuen Farben,
und er nährt sich
wie in seinem ersten Leben
von Straußeneiern und Visionen.

Bis seine Träume erstarkt
im Dunst der Frühe
über die Steppe zucken,
verwachsen
in die Schreie der Reiter,
in den Wind,
den ewig schlaflosen

der irgendwann
seine Worte erlöst
und als rostige Blüten
gnädig zurückweht
zwischen ferne
Gipfel und Gletscher,
die kein Auge
je sah.

Der Pianist
lehnt sich zurück
in heiße Atemlosigkeit,
in brokatdurchbrochenes Flüstern,
Schenkelseide
raschelt flammend
an sein Ohr,
grellgeschminkt stöckelt
Schuh um Schuh
auf die Billigtraumbretter,
Netzstrumpf im hohen Seitenschlitz,
optisches Präludium
zur getanzten Verschlingung.

Er bricht das Vorspiel ab.
In die gespannte Stille
erste Akkorde
des Bandoneons.
Knatternder Werbeschritt
des pathetischen Poeten,
des Vorstadtrambos,
Hüftgeschmiege,
strenge Augen
bei schamloser Gestik
im Spannungsbogen
von Schlagzeug und Baß,
Saxophonriffs suggerieren
trotzige Trauer,
Choreographie des Machismo
im lustvollen
Kampf der Geschlechter,
der Erotikdynamo
läuft auf hohen Touren.

Schroffe Akkorde,
hin und wieder
ins Gefühlige gedämpft
durch die bittersüßen
Klagerufe des Bandoneons.
Verzweifeltste Umklammerung
bringt die Körper
nicht näher noch weiter,
Steckenbleiben im Sehnen,
in kaum erträglicher
Spannung gegen ihr Elend
sie bäumen sich
zwischen Wut und Stolz zerrissen,
zwischen Glücksverlangen
und der ewigen Bitternis
eines rüden Alltags,
durchwuchert
von den Mythen der Gewalt
und des Wahnsinns.

Jolanda Fäh-Weilenmann

zuweilen Samt und Seide

wir streichen der Nacht durchs Fell
wie anschmiegsam sie ist zuweilen
erinnert sie uns an den Bandoneonspieler
in seinen Barthaaren hingen Geschichten
voller Trauer und Gewalt
doch sie in ihren roten Schuhen stieg
darüber als wäre das Leben aus Samt und Seide

sie sagt ich tanze für dich Geliebter
doch ich, ich fühle die Angst
morgen, wenn die Nebel gleiten
wird die Musik ganz anders klingen
werden in den Gassen die Katzen schreien
werde ich erwachen und die roten Schuhe sind fort
dann gehe ich ans Ufer des Flusses und rede mit ihm

alles trägst du fort: die Tage, die Nächte
und selbst rote Schuhe missgönnst du uns zuweilen
erinnerst du uns an den Bandoneonspieler
in seinen Barthaaren hingen Geschichten
voller Trauer und Gewalt und manchmal
wenn er betrunken war gaukelten sie
uns ein Leben vor aus Samt und Seide

Annemie Fetten-Winklhofer

Sehnsucht

Einsteigen in die
Himmelsschaukel.
Entschweben
im Füllhorn der
Glückseligkeiten.

Süchtig sein nach Nähe.
Begehrliche Blicke.
Bebende Lippen.
Geöffnete Kelche.

Illusionen
vom Glück
in uferlosen
Tangonächten.

Ute Fischer

Aufforderung zum Tango

Warmer Abendwind
säuselt Tristesse
und tiefrote
Melancholie.

Straffe Körper
gleiten zum
rhythmischen
Rockschwung
übers Parkett
schwarze Nahtstrümpfe
kontrastieren
zu knallroten Riemchen
Wange schmiegt
sich an Wange.

Ihre Beine
umtanzen
seinen Körper,
umschlingen ihn
wie eine Schlange,
sie atmet
sein Begehren,
ihr Parfüm
streift seine Lust.

Tango
Sehnsucht nach Nähe
für kurze Zeit

seltsames Entrücken,
sinnliches Fühlen
in der Bewegung

Er stoppt sie, ihr Bein
netzumhüllt
schiebt sich hoch,
streift seine Hose,
ganz sanft -
diese Verführung.

Ein Impuls
seines Körpers -
traumwandelnd folgt sie,
gibt sich hin,
verliert sich -
verliebt sich.

Tango
Sehnsucht nach Nähe
für kurze Zeit

Seine Signale,
seine Reize,
ihre Versuchung.

Glatte Sohlen
schleifen
kaum merklich
übers Parkett,
schieben sich
vor und zurück,
halten inne,
einen verdichteten
Moment lang

Tango - ein Gedicht

Sie antwortet
auf sein sanftes
einfühlsames
Erspüren
ihrer Wünsche
mit Blicken
mit Gesten
mit Andeutungen
der Berührung

Tango
Sehnsucht nach Nähe
für einen Moment.

Jürgen Flenker

tangobar

hier angekommen haben die toten
den grossteil des weges schon hinter sich
leuchtlettern in zerfleddertem rot
treiben als spätfilm für ratten
auf dem trüben wasser des kanals

dahinter ein messerscharfer schnitt
zum sperrgebiet mit der tangobar
hoffnungen streunen auf trampelpfaden
die nacht ist voll klingen und der mond
hängt in fetzen vom himmel

drinnen die tanzende mehrheit
hüllt sich in schweigen ein einsames paar
windet sich unter den restbeständen
des lichts wie ein bandoneon
unter dem kreuz eines ewigen südens

später sinkt mein schwerer mut
ins müde schwarz deiner augen
mein herz badet im schatten durchschwimmt
dein schweigen wie ein uralter fisch
am grunde des rio de la plata

vielleicht ist auch morgen ein tag
doch hier würde niemand drauf wetten
die nacht führt immer nach süden
die reise ist ein gedanke der tanzt
weit wie der mond über montevideo

Nicolas Flessa

du an meiner haut
unter kastanien öffnen wir
zwischen geigen und schweiß
unseren SEHNSUCHTSTRAUM
und stecken ihn mit unseren schritten ab
an den seiten klaffen blicke voll von gier und voller lust
die moralbesessenen nehmen an den tischen platz
und dämpfen ihren neid mit gesprächen
unbeeindruckt fächern wir unsere arme in die nacht
fassen uns mit zehenspitzen an
deine blicke streifen mich
wenn wir uns wenden
flüchtig
und ich sehe
ich gefalle dir
an den rand deiner haut will ich dich treiben
ich führe dich fort
unter kastanien
und öffne mit dir einen sehnsuchtsraum

Petra Miriam Frankovic

Tangonächte

Heiser wirbt das Bandoneon
Lehnt meine Wange an deiner
Mein Nacken in deiner Hand
Streift mein Fuß deine Wade entlang
Dein Atem an meinem Ohr
Umschmeichelt dein Schenkel meinen
Entzündet sich unsere Haut
Verharren wir regungslos
Und keiner von uns gibt nach
Ein traurig getanzter Gedanke
Greift ein in den Lauf der Zeit
Dreht sich selig taumelnd im Kreis
Mit geschlossenen Augen seh ich
Den Mond auf die Erde fallen
Wie ein Raubtier erwacht die Gier
Nach Leben und wird niemals satt

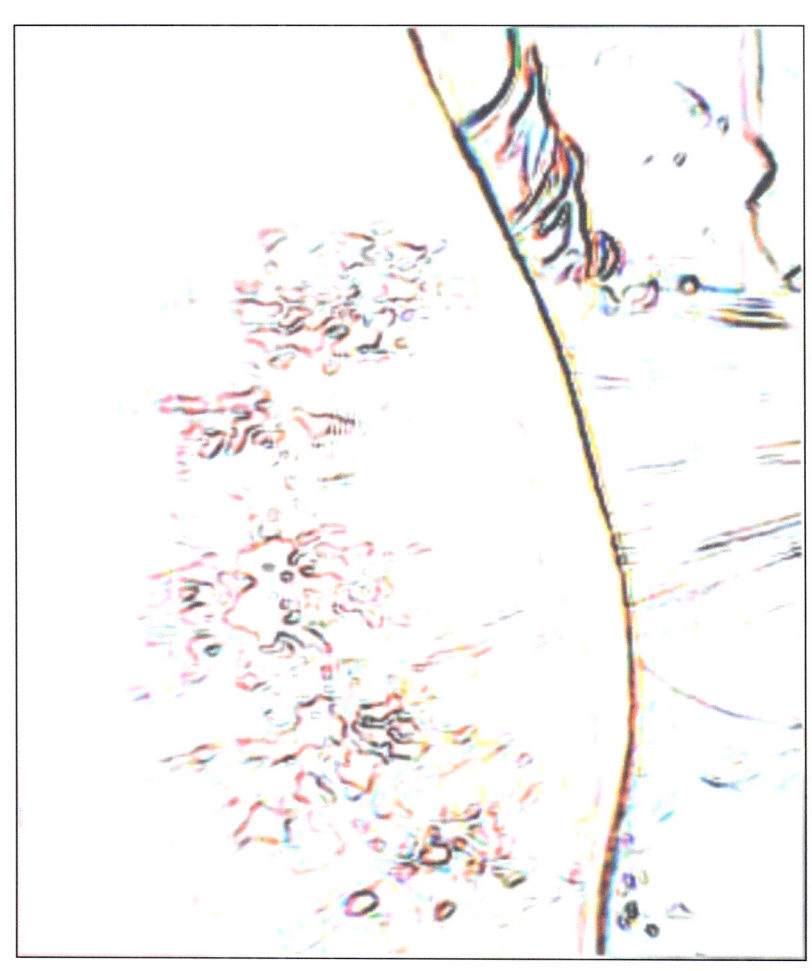

Hitze

Frederike Frei

Nacht

Sie
führt
hinters
Licht schleicht sich
an lauert dir auf im
Schlaf Katzen können
lange warten
Stille die spanische
Wand
hinter der sie
verschwiegen die Riten
genießt jetzt
springt sie
dir an die Gurgel weich
wie nichts sie
will dir ihre
Aberfarbe in die Augen
träufeln die dunkle
Madonna die die
Liebe liebt aber
schwarz
die sich das Land
ihr Liebstes
einverleibt mit
Haut und Haar
doch früh die
Beute wieder
fallenläßt bevor sie
abhebt zum andern
Landeplatz
rechtzeitig vorm Satan
Sonne

Der Tag bügelt die Welt
alles Fassade zeigt
dir glatt was
er zu bieten hat
Haus und Hand
Bahnhof und Bart
ohne Gefälle
rücksichtslos du
kannst nur die Augen
davor verschließen und
auf den güldenen
Untergang warten
Ruine Nacht baut
sich groß auf
in Sälen auf
Plätzen
rückt manche
Gesichter
heraus dich hierhin
dich dichter
bloß weg
alle andern.
Kreidekacke und Pisseflüsse
verschatten
der Häuserblock schwebt ein
Geisterschiff auf
Nebelkissen gegen den
Strom Stockfinsternis
lässt die Kerze
leuchten still wie
einen Stern und den
Stern hell wie eine
Straßenlaterne

sie zieht sich
zurück
vom Hauseingang
lässt dir den
Vortritt vergreift sich
nicht am offenen
Fensterflügel der in sie
dringt schiebt dir noch
einmal den Mondlaser
zwischen die
Finger sonst
jedoch kennt sie kein
Pardon nichts lässt sie
durchgehn
niemanden
hochkommen
sie baut die Erde
zum Keller aus
kein Aufhebens
macht sie die
Nacht von
wem Bube?
Dame? Herz
spielt sie schwarz
oder falsch man
kann ihr nicht in
die Karten gucken
sie führt
hinters
Licht

Gila Grawe

Schlussball

Tarantella, Tango, Mambo
Hula-Hula, Swing, Hip-Hop
Locomotion, Foxtrott, Limbo
Polonaise, Pogo, Slop

Pata-Pata, Jive, Calypso,
Disco-Fox, Sirtaki, Shake
Macarena, Twist, Flamenco
Rock' n Roll, La Bamba, Break.

Paso Doble, Slowfox, Samba
Bossa-Nova, Salsa, Ska
Wiener Walzer, Quickstep, Timpa
Boogie-Woogie, Cha Cha Cha.

Hans-Joachim Griebe

Feuilleton

In Dunkelheiten wachst du
auf und gehst den Tag
mit milden Giften an -
schon kreischt die Morgenzeitung
HASS KRIEG TERROR MORD
in dein noch wehrloses Gehirn.

Rasch flüchtest du ins Feuilleton
und siehst: Das Grauen
von der Titelseite hat sich
durchgeätzt, macht alle Wörter krank,
lässt alle Sätze frösteln.

Und liest von Wunderdingen,
die die Dichter treiben:
von Flucht, von Auszug in die Ferne,
von Versgeburten unter Malvenhimmeln,
Tangonächten auf den Falklands,
Sonetteschmieden in New York.

Da bist du ärmer dran bei deinen Morgenzigaretten
und den paar Wörtern, Klängen aus der letzten Nacht,
die später dann, wer weiß, nach deinen Tagespirouetten,
vielleicht geformt, wer weiß, im Abenddämmern
            leuchtende Facetten
von etwas Ganzem werden, das sich selbst vollbracht.

Dr. Tobias Grimbacher

neues und klareres

in letzter Zeit werden
die Abstände wieder länger
zwischen den Nächten

den Momenten
in denen Sternschnuppen fallen
und als Geröllwüste auftreffen

auf Frühlingsblumenbeete
ich wünsche mir
noch einen Tango oder Foxtrott

dem Einerlei zu entrinnen
noch einmal mit Dir tanzen
ich wünsche mir Tulpenmeere

zurück, oder wenigstens
Sterne in die Lücken
meiner Tage

Ulf Großmann

zweifelhafte Erinnerung

*„Der Tango ist ein trauriger
Gedanke, den man tanzen kann."
(Enrique Santos Discépolo,
argentinischer Tango-Komponist)*

beim Tanz hinter
ließen ihre Fußsohlen
feuchte Flecke
auf Stein er trat
näher als Erinnerung
fasste das Tanzen
hörte auf
ein Schatten
nagelte Gedanken
an die Wand
neben Träume das Kreuz
ein Stillleben
und feuchte Flecke
vergangener Nächte
auf kaltem Stein
zu lange
gemeinsam getanzt
in Tavernen
in freudvollen
Häusern

Dr. med. Frank Hanisch

Stadtneurotiker

Der Tango dreht auf dem CD-Teller seine Kreise
die Waschmaschine klopft mal schüchtern,
mal energisch, an die Zimmertür
die Heizung knackt unverhofft mit ihren Stahlgelenken
der Kühlschrank rülpst gelegentlich
die Kaffeemaschine faucht
das Rotweinglas blinzelt mir zu
und in der hereinbrechenden Nacht rücken
      die Zimmerwände näher
der Computer schläft schon nebenan ...

Ich danke euch, anthropomorphe Gefährten,
dass ihr mich zu Hause empfangt.

Dörte Herrmann

tango

rot
der zigarrenrauch verhüllt
nichts
bleibt von draußen
der schuh gewechselt

augenwärts bewegung
werben wortlos
zugreifen
handverwoben der anfang
umarmt

schritt folgt nah
auf dem fuße gedreht
weich das becken achtet
das eine das andere ist
alles

oberleibverwunden
mittig das sein
und das ihre reagiert
verständig

absatz verstreichelt
z e i t
am hosenbein hinauf
ins geschlossene auge

akzentuiert der ton zuletzt
trennt hände
zwei paar zuviel
worte
gewechselt der schuh

Glutkörper

Renata Juliane von Hoessle

Tanz

sehne mich nach deinem
Arm der sanft
mein Herz an deinen
Brustkorb presst
horche den Takt in
dir wie er mein
Becken drängt
an dir zu kleben
spielst du mit
mir das alte
Spiel - vergehe
vor Leid und kann
doch nicht
von dir lassen

mein Bein umschmiegt
dich geschmeidig treibt
dich mein Körper
mir zu blind
schweben wir von
heute nach früher
zitterst du da
deine Hand an mein
Becken fasst oder
ist es ein Traum?

greifst mit deiner
warmen Hand um
mich herum an
meine schmalste Stelle
heiß - zerfließe
ich schweigend
spüre die Schritte
gleiten in mir
eins in der Mitte
verharren wir reglos
verhungerte Wesen
lassen nichts
unversucht Ein
Ander zu verzehren

Tilman Hoffer

Abschlussball

Der Abend war erwacht und die Dunkelheit war Höhle,
Fackelschein begattete lüstern Flaschen wie Scherben,
Der Mond war betrunken und dämmerte nunmehr,
Doch loderten die veratmeten Gesichter wie Stroh:
Je erhitzter, desto Tanz der festgeschmolzene Grund,
Brodelnd, das Gelächter, dumpf gegen die Kegelspitze
Aus den weingebrannten Kehlen, Hurra der Messdiener
Anbetrachts der Freudenglut aus dem Nichts und Niemand
Hatte sie geladen.

Die Königin im roten Kleid:
Blendende Sonne in der Nacht,
Stichflammte und sog wie Strudel
Mich in den Rausch des Lichterfests:
So rauschten wir in größten Kreisen
Zum Pulsschlag toter Kastagnetten,
Ein Nachen nur im Meer der Zeit:
Die Menge längst darin ertrunken,
Feuer, der Boden, unsere Schritte
Ein rasender, fiebriger Marsch.

Der Tag würde erwachen, doch die Dunkelheit war Höhle.
Die Körper flackerten noch immer, frei im Ritual,
Das Zitterbeben hob die Stimmung, die Bodenrisse
Ein besonderes Vergnügen in dieser letzten
Tangonacht.

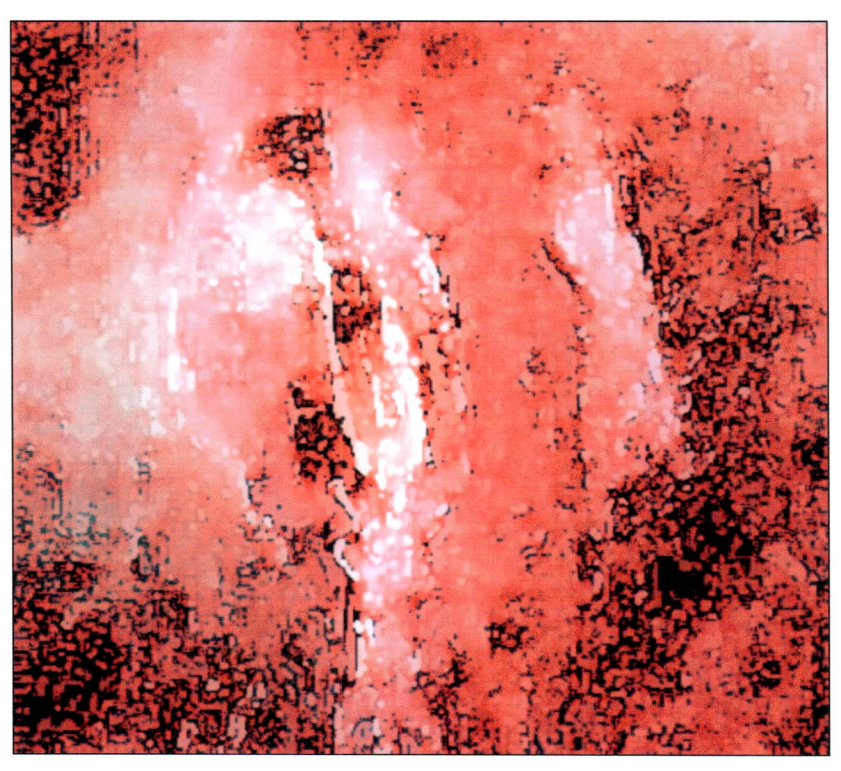

Feuer

Sandra Hummel

4/8 Balz

Die hohen Schuhe wund getanzt,
in einer stundenlosen Zeit,
die Absicht ins Parkett gestanzt,
von traumumsäumter Leichtigkeit.

Dem Rhythmuspanther auf der Spur
in heißer Dschungelbuchmanie,
die Augen stur gerade nur,
in Blick- und Schrittpedanterie.

Feuchte Luft, parfümgeschwängert,
erschauert still im Tangotakt,
der Lebensfrust im Tanz verlängert
und den Bewegungsfluss zerhackt.

Toupierte Busen, nassgeschwitzt,
der Frauen Selbstbewusstsein quillt
aus jeder Naht, die's Kleid besitzt -
der Männer Selbstverständnis schwillt.

Erotik schlingt mit Gierlianen,
hat die Beute fest im Griff,
Lust mag sich mit Macht verzahnen -
kieloben treibt der Anstandsschliff.

Mit dem sie halten, wiegen, führen,
Schweißes Perlen auf der Stirn,
den anderen im Schritt blockieren,
sich selbst mit Kinn- und Kopfhoch zier'n.

Stolz flambiert die Etikette,
Eitelkeiten köcheln leis',
lodern alsbald um die Wette
im Gesellschaftsschickverschleiß.

Pfau und Pfäuin schlagen munter,
Sangriacharme liegt schwer im Blut,
Rad um Rädchen und mitunter
gelingt es ihnen ziemlich gut.

Marlies Kalbhenn

Milonga mit dir

Zwei Geigen, Kontrabass,
Piano, zwei Bandoneons,
„Tango, der dein Herz verbrennt",
getanzte Umarmung,
Umarmung, die Tanz wird,
Milonga mit dir ...

Mit so viel Leidenschaft
geführt von dir,
mit so viel Zärtlichkeit,
erspürt von mir,
getanzte Sehnsucht ...

Wo hör ich auf, wo fängst du an,
du, Bein von meinem Bein
und Leib von meinem Leib,
der dir verrät,
was tausend Worte nicht
verraten ...?

So weltvergessen in einander ...
Eins mit dir -
und der Musik ...

Getanzter Traum,
in dem das Paradies sich neu
erfindet und mit ihm
das erste Menschenpaar ...

Adieu für den Moment, Melancholie,
adieu Tristesse - für diesen Tanz,
für diese Nacht und alle Tangonächte, die
aufmichaufdichaufuns
noch warten ...

Umarme mich!

So, tröstlicher Gedanke,
möcht' ich einmal sterben ...

Tanz mit mir,
Tanguero!

Umarme mich,
Adam ...

con-tact-o curioso - die psychologin

die psychologin spielte harfe
und war in ihrer seele sauer
weil ich ihr als linkshändiger gitarrist
nicht präzise genug vermitteln konnte
wie auf ihrem hübschen instrument
der blues zu intonieren wäre

dennoch schien ihre bluse
beim abendessen in ihrer dachwohnung
noch nie von knöpfen etwas gehört zu haben
das essen aber war sehr gut
und die vielseitige psychoharfenistin
noch um vieles besser

auf dem höhepunkt schrie sie plötzlich nein nein nein
ich unterbrach die arbeit und fragt fürsorglich
habe ich dir wehgetan
nein strahlte sie mich an
ich schreie immer nein nein nein wenns am schönsten ist
scheiße das muß man wissen

einmal
besuchte sie mich
nach ihrem achtstundenarbeitstag im heim
und verbrachte
einen achtstundenarbeitstag
bei mir

irgendwann schnalzte sie
hmmm du schmeckst aber gut
ich wuchs einige zentimeter
dann deduzierte sie
mit dir kann frau herrlich im bett lachen
ich lachte mit ihr im bett

dann psychologisierte sie
weißt du das schöne an uns ist
wenn ich das in dieser meiner position äußern darf
dass wir überhaupt nicht in einander verliebt sind
so können wir völlig ohne emotionale verstrickung
absolut unbeschwert den sex rundum genießen

beschwert von ihrem süßen körper
und genießenderweise rundum beschäftigt
sagte ich darauf kein einziges wort
dafür sie einige mehr
sag mal könntest du dir vorstellen
dich in mich zu verlieben

auf meine sämtlichen optimal funktionierenden alarmsysteme
gleichzeitig reagierend
unterbrach ich die genußvolle verstrickungsschufterei und hob
während ich mich aus meiner prekären lage
auf allen fünfen zu befreien suchte
zu meiner verteidigungsrede an

tja weißt du
als schriftsteller
der geschichten ersinnt und erdenkt
nicht wahr
als autor
der plots erfindet
nich
als dichter
der
du weißt das ja
wort an wort fügt und so
ähm
als poet
der ööö
wie soll ich sagen
mit worten und wörtern jongliert
gell
ja
ohne phantasie ginge das ja gar nich
so was geht überhaupt nur mit gaaanz viiiel phantasiiie
versteht sich
und weil ich die habe
ist doch sonnenklar
weil ich die vielen phantasmagorie
weiß doch jedes kind
da kann ich mir manches vorstellen
ja vorstellen kann ich mir ganz viel
strenggenommen
jaaa
vorstellen kann ich mir einfach alles mögliche

meine vorstellung schien
nicht hinreichend überzeugt zu haben
klein und rund und handlich wie sie war
entschwebte sie wie ein draller
mit psychologischem tnt überfüllter
zornesroter lustballon

einige abende später bellte mein telefon
und daß du es weißt
als ich mit dir bumste
hatte ich noch vier weitere kerle
und der reiseführer in jemen
der hat mich am allerbesten gevögelt

tja
reisen bildet

o kopflose psychologie
o knopflose äolsharfe
im stürmischen wirbelwind
femininer vergeltung

o con-tact-o furioso
o psycho
o psyche
o püschologie

Inka Kleinke-Bialy

Libe Mama Mija,

ekstra für dich bestimmt
haben sie die Kirche gebaut.
Mit einem Fenster
aus blauem
Glas vom Boden bis ganz oben
unters Dach. Da wo du jetzt
hinkomst, ist auch
alles blau. Das hast du mir
ferraten. In der

Nacht als du
nicht mehr aufstehen konntest.
Zu dir ins Bett bin ich
gekletert und gesungen hab ich dir und
was getanzt. So wie du
früher imer. Kindertango
hast du gelacht.
Die anderen stehen
alle drausen. Nur ich bin

zurükgelaufen. Weil
ich hab was
für dich. Deinen Lieblingstein
ganz bunt gemahlt mit
ganz viel blau. Und
mein libstes Kuscheltier
hab ich auch
mitgepracht. Die blaue Schildkröte.

Zu der kannst du
unter den Panzer wenn
du Streit hast
mit den Engeln oder
dem liben Gott oder dem
Täufel wenn er
sich verkleidet
rumschleicht bei euch. Nur

der Dekel von der Kiste der
geht jetzt nicht
auf. Deshalb leg ich
die Sachen obendrauf
in die Blumen rein.
Das mach ich
mit dem Brief
dann auch. Fieleicht kannst du
rausklettern nachher
und ales nehmen.

Die ganze Zeit
hat der Papa für sich
geweint vorhin, als
der Farrer geredet hat. Das
hat der Papa gemacht, weil
er schon groß ist und
das mit dir nicht so gut
ferstehen kann wie

ich. muss aber nich
weinen. Weil du die beste
Mama der Welt immer
bei mir bist. Wenn
du willst
male ich
mich blau
ganz alein
für dich und
nachtsdann
tantzen wir
wieder Tango

Iris Köhler-Terz

1 **Last Dance**

2 Einmal noch

3 lass uns den Tanz der Körper

4 zur Musik der Leidenschaft

5 hitzig und sanft erleben.

6

7 Einmal noch

8 schließ mich in deine Arme

9 für den Augenblick Ewigkeit,

10 der uns jetzt bleibt.

11

12 Einmal noch

13 trinken aus deinem Blick

14 die Vergänglichkeit des Moments

15 darin schon gefangen.

16

17 Einmal noch

18 schmeckst du das Salz

19 schweißglänzender Haut

20 auf dem Höhepunkt gelebter Lust.

21

22 Nur einmal noch ...

23

Ralf-Günter Krolkiewicz

Soll ich warten ...

Soll ich warten etwa
Zweihundert Jahr
Bis eine Frau wie du
Meinen Weg kreuzt

Woher solche Geduld
Unterm Mühlrad der Zeit
Woher solches Hoffen
Bis ans Ende der Tage

Ich seh uns getäuscht
Verharrend in Trägheit
Gelähmt von Erwartung
Bild ohne Zukunft

Was denn treib ich
In der Zwischenzeit
Lieb ich mich selbst
In der Warteschleife

Eros im Blindflug
Kreisend im Dunst
Wenn der Mond
Die Schlafenden narrt

Dickicht aus Träumen
Netze aus Stahl
Grillen zu fangen
Vogelfallen im Geäst

Liebe zu erhaschen
Wie seltnes Gefieder
Diamanten aus Glas
Im Hochzeitsschmuck

Wartend auf dich
Vergeht meine Zeit
Mit flüchtiger Lust
Und schaler Begierde

Da wär es besser
Ich rüstete ein Heer
Dich zu suchen
In Himmel und Hölle

Ich überquerte Gebirge
Auf exotischem Getier
Ritt wenn es sein müsst
Auf Schweinebuckeln

Keine Mühe zu groß
Kein Wind zu heiß
Kein Berg zu hoch
Nach dir zu suchen

Königreiche zerfielen
Unterm Stiefeltritt
Meere versandeten
In salzigem Morast

Niemals verzagt ich
Unendliche Geduld
Der Quell meiner Kraft
Schier unerschöpflich

Am Ende schließlich
Dieses Eroberungszeugs
Verhüllt unsere Liebe
Das alte Antlitz der Welt

Wenn ich dich hielte
Halbtot in den Armen
Die Leiber ausgebrannt
Zwei erloschene Vulkane

Nur laue Winde wehn
In den Schatten des Tals
Zu kalt die Nächte dort
Das Eis zu schmelzen

Ich treff eine Fremde
Dort am Ende der Zeit
Da ich dich wiederfind
Müd von der Schlacht

Die Köpfe aneinander
Trauern zwei alte Esel
Ruhend im Schatten
Um die verlorene Zeit

Weit oben im Gezweig
Irgendeines Baumes
Krächzt ein Rabenpaar
Alte finnische Schlager

Solch ein Bild der Lust
Solche Narrheit am Ende
Beim allerletzten Tango
Den Schmerz zu verlachen

Bild 01 von **Maren Frank**   http://www.marenfrank-literatur.de

Monika Kübler

Tangonächte

Fächert im rauschenden Dämmer
vom Bandoneon die Melodie,
zucken menschliche Glieder
wehrlos im Rauch.

vor-vor-seit-rück-ran
tan-go-rück-seit-ran

Gitarre schlägt Rhythmus dazu
und den Baß, das stampft
wie ein Schiff
auf schlingernder See.

vor-vor-seit-rück-ran
wie-gen-rück-seit-ran

Matrosen lehnen
mit lässigem Hüftschwung,
den Nahkampf der Geschlechter
begierig im Blick.

vor-vor-seit-rück-ran
dre-hen-rück-seit-ran

Das schlängelt sich wie
von Schöpfungsbeginn,
kein Anfang, kein Ende,
am Baum der Erkenntnis.

vor-vor-seit-rück-ran
aus-fall-rück-seit-ran

Immer während findet
die Vertreibung von Mann und Frau
aus dem kleinen und großen
Paradiese statt.

vor-vor-seit-rück-ran
tan-go-rück-seit-ran

Ein großer weißer Engel
mit rotem Flammenschwert
schlägt goldene Sterne
aus der tiefschwarzen Nacht.

Olaf Kurtz

Tangonacht

den Schall der Platten
habe ich
in Buenos Aires
gefunden
dort
wird er auf Tellern
serviert
nach jeder Drehung
schlägt ein Schatten
in das Licht
rutscht
ein Ton
aus dem Bandoneon
über den Schritt
in die Hand
auf ihrem Schenkel
sehe ich die Musik
an dünner Naht
ins Gleichgewicht
gereckt
brennen sich die Augen
schwarz

Bernd Lange

Anagramm

Tanz auf der Landkarte der selbst ernannten Exkursionen.
Rhythmische Schrittfolge auf den Koordinaten.
Mit einem Salto auf der Weltkugel fing alles an.

Ein verruchter Buchstabendreher: Tonga,
hundertfünfundsiebzigster Längengrad,
einundzwanzigster Breitengrad.
Falscher Tanz auf dem Vulkan.

Herantasten, Balance auf dem Breitengrad.
Dreiundvierzig Grad West, zweiundzwanzig Grad Süd.
Tanga, heißer Sand. Copacabana, heiße Nächte.
Das falsche Parkett.

Vertikale Bewegungen auf horizontaler Ebene.
Länge achtundfünfzig, Breite vierunddreißig:
Buenos Aires,
Tango.
Temperamentvolle Bewegungen in Moll,
Berührungen im Duft der Frauen.
Annäherung aus Fleisch und Blut.
Schweiß in der Hitze der Nacht.
Kreuzungspunkt für einen Moment der Nähe.
Parallelen, die zusammenkommen und sich wieder entfernen.

Tobias Lewkowicz

nächte

im gespaltenen blick /
punkt deines spiels /
mit eifer // sucht /
verschämte bewunderung vielleicht /
über die schonungslose gleich /
gültigkeit der jahres // wechsel /
im winter keine bitte /
abschlagend /
deine augen sind zu rot rot rot /
& dein flamenco so süßlich zubereitet /
auf spar // flamme /
für tägliche liebschaften /
zu schade // zu eindringlich /
warte bis zum verdorrten Sonne // tag /
will dir einen klapprigen /
feier // tag zurechtmöbeln /
aus gedanken schnitzen /
& selbst // findung im Schlaf /
zimmer vor // spiel // spielen /
die wandlung des wassers /
bei nacht // trinken /
machen deine schuhe /
noch dieses geräusch /
grammophon // knacken /
beim tanzen

Uta Lösken

Taktwechsel

Es ist kühl geworden
nicht nur
vor der Tür
Manchmal
fröstele ich
im Windhauch
der unsere Zimmer durchweht

Erinnere dich
an unseren Tango am Strand
damals
als das Meer Bandoneon spielte
als der Wind mit säuselnden Fingern
dem Schilf Gitarrenklänge entlockte
Kitschige Klischees
von Grillen und Glühwürmchen
Sand unter unseren Füßen
unter unseren Körpern
Salz auf unserer Haut
Wiegeschritt in der Nacht
Drehungen bis zum Schwindel

Und heute
nur noch langsamer Walzer
wenn überhaupt

Josef Memminger

begegnung

... über der schwelle schien der abschied
endgültig zu sein, so dass er sich - nebst
whisky - an erinnerung betrank.

er spürt den puls der unbekannten noch in
seiner brust, trägt ihren duft (stolz) an sich wie ein weiches tuch.

(musik:) dada dam dam dam dada dam dam dam.

unnahbar blond in rot und schwarz.
geschlitztes kleid. bisweilen sieht man etwas
bein. was anregt. (Ja).

sie schwebt. nur leises wischen ihrer sohlen.
sie strahlt. ohne ein lächeln. streng. wie blass:
das männlein, das sie hält.

(musik:) dada dam dam dam dada dam dam dam.

allein: ein blick lässt ahnung sprießen.
tatsächlich: sie gewährt ihm ihre huld. (haha).
zuviel des glücks ...

gemeinsam, eng, beinah vertraut geschmiegt.
die hand: liegt leicht auf seiner schulter. bald:
ein hauch an seiner wange - nah ...

(musik:) dada dam dam dam dada dam dam dam.

und pause. stille. aus: der tanz. sie nickt. kein
wort. kein blick. nicht mehr. sie geht ...

(musik:) dada dam dam dam dada dam dam dam.

Schach

Christina Müller-Gutowski

Aus dem Nachtblau

Aus dem Nachtblau des Augenblicks
gebiert der Tanz den Tanz
der Kopf rechts/links denkt
TANGO
zwei Silben
zwei Schritte
vor/zurück
Wiege, die ich nie erfuhr
Sprache, die ich niemals sprach
im Dienst des Gedankens
die Körper/die Füße
TANGO
die Milonga befiehlt
und ich gehorche
mit der Biegsamkeit der Bäume
die sich neigen
damit sie nicht brechen
TANGO
ich berühre Dich
mit meinen Leibesworten
halte dein unversehrtes Herz
beinlängenlang an meines
hochgeschlitzt vom scharfen Schmerz
der Geige
Wange an Wange
Du und ich, die
ansonsten in Kleidern geht
mit der Farbe der Niederlagen
heute schimmert selbst
mein Schatten wie Satin

TANGO
rund/eckig
Synkope / Takt
Basse / Giro
mi vida
wir tanzen das Leben auf dunklem Grund
von Punkt zu Kontrapunkt
irgendwo zwischen Aufschrei und Schweigen
sind wir ein immerwährender
Anfang
mit Schnitten
und Brüchen
cortes / quebradas
Ballen / Ferse
Spann an Spann
TANGO
unendlich vollführen wir die Achten
die Halbmonde dieser Nacht
bis ich ein letztes Mal
meinen Namen schreibe
aufs Parkett
mit rebellischen Füßen
ehe noch die kummervollen Töne
des Bandoneons verwehn
die Fermate erlischt
ins erste Grau
des Tages

Wolfgang Nitsche

Nächtlicher Tanz

altes versprechen
tango ein leben lang
aber die knie
und das kreuz

meine hand berührt
ihr gesicht
sie blinzelt
beruhigt

die hand liebkost
ihre
schlafenden brüste
knospen wachsen

auch ihre hand
sucht mich
erweckt mich
zum leben

störender gedanke
weit jenseits der siebzig
noch immer diesseits
von gut und böse

die knie und das kreuz
sie halten durch
es muss nicht immer
tango sein

Günter Nuth

Sommernachtwinde

Glühende Birnen schwingen sich unter Blättern
hin zu den Haken der Häuserfront
Grün überfahren am Fuße der Linde
wo sie den Asphalt aus den Angeln hebt

Verschwitzte Kellner durchkreuzen Gemurmel
Geschwätz und zerbrochene Gläser und Menschen
frag kurz nach - und zerre Gesicht des Stuhles
zur Dorfplatzmitte. Nein, heute kein Wasser.

Akkordeon und Geigenspieler
vertonen den Rhythmus des Sohlenschleifens
Stolze Augen in zackigen Köpfen
schweben auf Körpern und Beinen im Schritt

Nach der Drehung
ihr Blick.
In meine Richtung.

Achselfreie Sommernachtwinde
sinken durch flimmernde Blätter
an zaghaften Becken und Knien entlang
hinab bis ins Kopfsteinpflasterparkett

Sie gleiten und klatschen und summen und
werfen Strudelschatten auf gelbem Putz
Spreizen Finger an Schulterblättern und Hüften
Sieht alles so leicht aus. Mein Bier verschalt.

In blauen Servietten tippe ich den Takt
und an die Tischkante bis nach der Drehung.
In meine Richtung. Noch immer keine
Mitte für mich und keine Sandalen.

Judith Stadlin van Orsouw

Schlaflos

Deine Schulter an meinen Lippen
liege ich
und verträume die Nacht
Tango
Im Rhythmus deines Atems
wogt meine Hand
In meine Kissen sinken die Hülsen deiner Träume

Mario Osterland

Verlorenes Feuer

Den Arm adrett
An deiner Hüfte
Ich atme dir
Die Schönheit aus dem Nacken

Reißerisch der Blutstrom
Durch die Herzen fließt
Das Feuer in uns
Entflammt die Nacht
Zu einem Inferno der Sterne

Ein süßer Duft tänzelt
Aus dem Dekolleté
Ich verbeiße mich
In deinen Takt

Die Kapelle löscht
Den Traum im
Schlussakkord

Natalia Pomeranzeva

Tango

In die Vulva der Nacht
steigen die Schritte
im synkopiertem Rhythmus
des Mondes Spiel
auf den Saiten der Wünsche
wartenden auf der Parallele
anbetend

Im Takt der Wünsche
flüstern die Schritte
anbietend

13 Minuten Sonderwünsche.

Manfred Pricha

Mückenstich-Tango

Tanz mir den Mückenstich
zwei links zwei rechts
ich begehre Dich

Du surrst so zart im Morgengrauen
Du läßt mich deine List erschauen
ein Hügel so groß wie ein Feuerkopf
so rot und rund so heiß und wund
prall deine blutige Lust beim Lockschopf
gepackt und ausgesaugt vom Nektarmund
sorgsam an der Spitze eingraviert
zum Dank für Speis und Trank garantiert

Tanz mir den Mückenstich
zwei links zwei rechts
ich begehre Dich

Mag. Wilhelm Rager

Gekaut und ausgespuckt

ob
das Schwarze in der Melancholie
erträglich wird: dass wir
uns in der blauen Wärme tanzen:
es den anderen zeigend: etwas
umkreisend in der Bewegung der
Körper in Raum und Zeit: der
Kosmos, der wir sind, in einer gott-
verlassenen Bar der Jugend: dass alles
verrinnt: dass alle Bindungen brüchig
sind: Musik bewegt uns, als ob wir
einen eigenen Willen hätten: so an-
genehm ist es zu leben, zu lieben, zu
atmen, in der Tristesse der Vorstadt, der
Hoffnungslosigkeit, zornlos, denn von
etwas getragen, über den warmen
Asphalt der Mitternacht, der bitteren,
den süßen, den duftenden Mund zu
küssen: das Namenlose:

in der Josef-
stadt, vielleicht, um 1965: Nächte
des aufgehobenen Sinns, außerhalb der
Zeit, zwischen den Dingen, gekaut und
ausgespuckt, absichtslos, am unidentifi
zierbaren Ort, die Melancholie des
Tanzes: dass es nichts anderes gibt:

dass du glaubst,
einen Atem zu hören
außerhalb des eigenen, aber
es ist nur die Nacht, die
schnurrt, vor Glück, schwarz
zu sein: hingegeben:
dass, obwohl wir sie
nicht verstehen, Melodie
uns trägt, ganz sicher,
so fragil und
heimatlich

Dr. Norbert Rheindorf

So ein Schwindel

Diese Nacht
auf dem Parkett
du
hintenüber gebeugt
den Kopf zur Seite
ich sehe
die feuchten Perlen
in deinen Nackenhaaren
dann drehst du mein Herz
im Kreis
auf hohen Absätzen
so ein Schwindel
doch, doch, doch
ich glaube du gewinnst

Tango

Dario da Riva

Die Showtänzerin

Tangonächte in einem Cabaret von Buenos Aires.

Die
Nacht, ist kühl, die Männer stolz, stol-
zie-ren 'rum, wie ganz aus Holz, die
Frau-en fol-gen ihrem Mann, als
hät-ten sie nur Spaß daran,
mit einem Typ zu gehen.

Ich
bieg, den Rumpf und hoch das Bein, und
kriech, fast in Ramón hinein, der
stolz, mich schwenkt, ich bin sein Tuch, mit
dem, er lockt, noch ein Versuch! den
Stier, bleibt kalt, es ist zu früh, es
geht, erst wenn, ich richtig glüh,
das wissen wir genau.

Tou-
risten strö-men in den Raum, sie
sind, noch steif und trauen kaum, die
frem-den Leu-te anzuseh'n und
in, das hel-le Licht zu geh'n, auf
dem Parket, sind wir allein, es
strö-men noch, mehr Leute rein,
geniessen uns're Show.

Ich
such, mir heute, meinen Mann, ich
mach, den schärfsten Typen an, ich
weiß, wie ich den Kerl verführ, und
sei-nen Heldenstolz berühr', er
glaubt, dass er, es ist der siegt, nur
weil, er mich am Ende kriegt,
wie dumm doch Männer sind!

Der
Raum, wird warm, die Liebe brennt, ist
scharf, wie mich, Ramón verkennt, er
glaubt, bestimmt, er hat mich schon, doch
kriegt, er heu-te seinen Lohn, dass
er am letzten Tanzturnier,
mit einer andren ging!

Kommt
ei-ner rein, und sieht sich um, ist
groß, ein Beau, scheint auch nicht dumm, er
hat, schon bald, 'ne Braut erspäht, er
traut, sich nicht, der Hasenfuss, ganz
klar, dass ich, auch passen muss,
du bist es nicht für mich.

Ra-
món, ist mei-sterhaft heut Nacht, was
hat, nur die-se Glut entfacht? Er
fasst, mich eng, ich schmieg mich an, er
stößt, mich weg, so weit er kann, ich
spick, den Kopf, nur fort von ihm, und
dreh', mich weg, zum nächsten hin, ich
weiß, er fasst gleich meine Hand, und
zieht, mich nah, an sich heran, was
er, nicht weiß: heut' ist's kein Spiel, er
kränk-te mich, einmal zu viel,
er geht allein nach Haus.

Der
Rot-schopf dort, macht alle geil, vul-
gär, hält sie die Titten feil, vi-
briert, die Brust, streckt raus den Po, es
kommt, mir vor, wir sind im Zoo, ich
mag, das nicht, so ohne Stil, ihr
Blick, trifft mich, bedeutet viel,
ich glaub sie lacht mich aus.

Ein
Mann, betritt, den engen Raum, er
schrei-tet stolz, ich glaub es kaum, er
sieht, der Roten, zu, winkt ab, hat
Schneid, der Mann, und nicht zu knapp, er
blickt, zu mir, ich knick mich ein, voll
An-mut, hebe ich das Bein, ich
spü-re klar, es wird ihm heiß, er
hat, gemerkt, dass ich es weiß, zieht
sich zurück, er kennt das Spiel, er
weiß, wie sehr, er mir gefiel,
drum winkt er einer Frau.

Die
steht, gleich auf, er tanzt mit ihr, sie
dick, und blond, ein Bauch voll Bier, ihr
wird, ganz heiß, sie schwitzt die Geiß, man
sieht, den Fleck, auf ihrem Speck, sie
ist, nicht schön, sie ist nicht heiß, sie
dreht, sich stets, im gleichen Kreis, ihr
Mann, mein Gott, er winkt mir zu, ich
schau, nicht hin, bewahre Ruh', das
for-dert sei-nen Stolz heraus, ich
seh', er macht, die Stirne kraus,
er denkt wohl nur an mich.

Ich
bieg, und steh, am gleichen Ort, den
Absatz schon, am neuen Ort, und
spick, den Kopf, weit weg von ihm, dann
kurz, ein Blick, ein Blitz zu ihm - der
Schreck, geht mir, durch Mark und Bein, was
fällt, dem Aus-erwählten ein, er
fasst, das blon-de Huhn am Arm, erst
wird, mir kalt, dann viel zu warm, die
beiden sind ein Paar.

Kein
einz'ger Mann, hat Rasse heut, gibt
hier, nicht vie-le Klasse-Leut', bin
froh, Ramón, hat nicht erkannt, wie
sehr, mich je-ner Kerl gebannt. Ich
bleib, bei dir, die ganze Nacht, mein
schmol-len hat mir nichts gebracht, und
alles bleibt wie's war.

Es
wird, gleich zwölf, dann sind wir frei, das
Pflicht-Programm, ist gleich vorbei, ich
schmie-ge mich, ganz eng an ihn, reich
klar, ihm die, Verzeihung hin, das
Feu-er lo-dert auf in mir, heut
Nacht, Gelieb-ter geb ich dir,
alles was dir träumt.

Mu-
sik, klingt aus, der letzte Ton, nun
ma-chen wir uns schnell davon, ich
spür', Ramón, ist auch ganz heiß, nicht
nur, vom Tanze, stammt der Schweiß, er
küsst, mich leicht, nicht auf den Mund, dreht
weg sich dann, der fiese Hund, um-
fasst ihr rotes Haar.

Leben gestorben, Musik ist weg,
keinen Sinn, keinen Reim.
Ramóns Glut, Bravour, sein Zauber,
galt heute nur für diese
niederträchtige,
hüftenwedelnde,
brüstehebende,
arschvergeilende,
rothaarige Hexe.

Alle Hexen sind rot,
die Opfer sind tot.
Diesmal keine Gnade! Du siehst mich nie mehr!
José, noch ein Glas, gleich die Flasche her!
Wein schmeckt wie Galle, Licht blendet, Farben aus,
Welt gestorben, Leben schmerzt, alles Graus,
gleite zu Boden, warte auf Ende, starrt nicht so her!
Kopf schlägt auf, Licht geht aus, fühle mich schwer.
Lasst mich in Ruh! Ha? Musik wieder los -
Tango.

Und
hoch, das Bein, das muss so sein, häng
es, bei dei-nem Schenkel ein, dann
lehn', zurück, José mein Held, im
Tan-go stahlt die Welt.

Tobias Roth

Auswärts

     Auf der Suche nach einem Tango in der Großstadt

Bauch der Nacht und eine ganze
Flasche Wein darin noch weiter.

Durch die halbe Stadt im Wagen;
Lichter prallen ab vom Fenster,
hängen sich in Regentropfen,
Häuser wachsen hoch, hoch aufwärts.
Kennt den armen Blick den Menschen
Nach; und geht das Stück zur Türe.

Hier das Haus des Tanzes also,
lärmend, voll und bunt von Menschen,
trink und tanz und denke nicht des
Geldes, das ist Tanz der Städte.
Dreht der Hals sich bis zum Brechen
Hinter Menschen, kenn die Blicke,
die dir trotzen. Lächeln reifen.
Einer aber drängt zum Aufbruch,
schnell wie man gekommen, schell wie
man genossen, ist man weiter.
Freude bleibt zurück, doch war sie
Käuflich. Finde sie noch besser.

Durch die halbe Stadt im Wagen,
Lichter prallen ab vom Fenster.
Welche alte Sehnsucht auswärts.
Häuser wachsen hoch, hoch aufwärts,
hängen sich voll Regentropfen.

Hier das Haus des Tanzes also,
lärmend, voll und bunt von Menschen,
trink und tanz und denke nicht des
Geldes, das ist Tanz der Städte.
Dreht der Hals sich - willst du wirklich?
Ja. Die alte Sehnsucht auswärts.
Rausch vergisst die Fehler
Unter der leuchtenden
Oberfläche schönen Scheins,
reißt betört, her
und hin, herum
dreht der Hals sich bis zum Brechen.
Nirgends lächelt das Genügen.

Durch die halbe Stadt im Wagen;
Lider sinken noch nicht nieder,
dürsten noch nach bunten Lichtern,
aber dieser Weg geht heimwärts.

Nun weiß ich, wohin ich nicht mehr gehe.
Heller Abend, schürst nur Sehnsucht;
wieder auswärts Karusselle
preist das kalte Bett mir an.

Rebecca Maria Salentin

Tango mit Folgen

Als sich eines Abends Herr und Frau Spitz
- die damals freilich noch nicht denselben Namen trugen -
auf der Tanzfläche trafen:

Er - reich an Erfahrungen.
Sie - arm an Gewicht.
Er - eine gescheiterte Ehe,
aber der Job läuft gut
und das Andere manchmal auch.
Sie - zu viel geraucht, weil immer dasselbe,
nun wirklich die Schnauze voll.
Trotzdem das kleine Schwarze und Netzstrümpfe.
Beide - gucken kann man ja mal.

Da klebten ihre Mitten sehr schnell
- und für diesen Tanz unüblich -
eng aneinander.
Da drehten sie ihre Runden
anfangs etwas unlocker im Hüftbereich.
Ließ er sie ungewöhnlich oft sein Bein übersteigen
wobei sie dies jedes Mal ein wenig langsamer tat.
Da nahm er willig ihren Platz ein,
sein Bein zwischen ihren netzbestrumpften,
die sie ihm fliegend überließ
für Verzierungen, ganz seinem Wunsch entsprechend.
Und nachdem sie genug Achten
Ins Parkett geritzt hatten,
ihre Beckenknochen sich jedoch
nicht voneinander lösen wollten

Nahm er sie mit in seine
drei Zimmer Altbau mit Stuck und Wanne.
Dort zeugten sie in den nächsten Jahren
- in Abständen von jeweils achtzehn Monaten -
zwei Söhne und Töchter mit Namen:
Voleo, Ocho, Milonga und Sacada

Rotraud Sarker

Der Trommler allein am Ende der Tangonacht

Er hebt's gesicht
Die fahle haut
beschmiert sich mit dem schmant
des lächelns Ein dünnes

staubbeflecktes licht
lässt sich vom hohen deckenrand
zu ihm hinab und leckt
das blech

der trommel Weiss, schlafend,
lockt der fellbespannte kreis
Er reisst
die arme hoch, ein beben

geht durch die kulissenwände,
er knetet seine hände
um's schlegelholz und schleudert
seinen schlag

So splittert er
wie lose sterne
durch das weltall rollen
musik

Mit jedem aufprall
hofft er seine wut zu kühlen
Er stoppt Der saal liegt nun im vollen
lampenlicht Er blickt hinunter

auf die reihen
mit all den gähnend leeren stühlen
und macht sich
durch die regennacht davon

Mag. Marlen Schachinger

Roter Tanz

Nächte drehen sich,
rote Fluten durchbrechen
die Schwärze, winden sich -
Atmest du? -
dein hoch-zeitloser Ehe-Ring
belegt mich,
Kühle überzieht die Grenzfläche
silberne Haut,
dass Tänze mich erschöpfen.
Im Ichgewölbe fließt Blut -
Zerbrach dir dein Gewucher? -
drehe mich nächtens,
innerhalb des roten Raums,
damit ich schlafen kann,
und eine springt
rasierklingenscharf -
Atmest du noch? -
über Messer.

Knut Schaflinger

Das Gewicht der Stille. Eine Tänzerin

Zum ersten Mal den Schweiß
einer Mücke gesehen haben so zart und flügeldünn

knallt sie seit Stunden unablässig
von außen gegen die Scheiben liebäugelt mit dir du solltest sie
öffnen aber
der Sommer kommt nicht mehr auf Bestellung

Eis flockt aus und halbe Völker vergessen auf dem
            Fenstersims die Vorder

Füße gekreuzt wie zum Wegputzen von schwarzem Trotz
            früher saßen
solcherart die Kinder
am Tisch wenn sie nicht essen wollten die Arme
vor der schmalen Brust verschränkt

im Grün der Suppe spiegelte sich ein Himmel ohne Horizont jetzt

draußen aber sinken langsam
die Fliegen tiefer vom Schweiß beschwert das Gewicht
der Stille schätzt du

auf nicht mehr als ein tanzendes Flügelpaar

Maria Schmetz

Erinnerung

verstaubtes Kästchen
zwischen Gerümpel
im Keller

ein paar Fotos
längst vergessen
du und ich
zwei Eintrittskarten
Oper dann Tango
nach Mitternacht
vergilbte Liebesschwüre
in den Briefen
ein schmaler Ring
ewige Liebe
drei Wochen lang

zwischen meinen Fingern
zerbröseln
vertrocknete Rosen

Alma Marie Schneider

Unbewohnt

Warm
Es ist warm und es ist Nacht
Draußen hinter der Scheibe
Leuchtet der Mittelstreifen
Gibt keinen Halt
Ein Tellerrand
Das bleiche Gesicht

Gewölbt der Korallenmund
Zur Musik
Leises Motorsummen
Das Kinn schiebt sich vor
Ins Bein
Hin zum Füßchen mit dem blauen Zeh
Schlafestrunken

Armaturengrün betrügt'die Nacht
Alles was die Sinne betört
Hat sie aus den Fingern gesogen
Weggelutscht

Mag. Werner Vogel

Das Streben nach Harmonie

Sie bläst sie aus, die Wut
über die Scherben
und diesen Alkoholgestank.
Was zählt, ist doch nur Harmonie.
Darum sagt sie -
es fällt ihr gar nicht schwer -
nun schon recht unverkrampft:
„Das macht ja nichts,
die Vase war mir ohnehin zu schlank,
und Hemd und Hose,
Liebling, bring' ich morgen in die Putzerei."
Es kostet sie ein wenig Mut,
sich jetzt zu ihm zu drücken
auf die Ledercouch mit diesen tiefen Kerben.
Sein Mund steht offen, der verständnislose,
inmitten des verkniffenen Gesichts,
und seine Blicke starren leer.
Sie murmelt: „Komm, sei fair!
Ich bin so frei ..."
und zieht ihm möglichst sanft
das Küchenmesser aus dem Rücken
und hebt schon ein paar Scherben auf dabei.

Helen Weiss

Der Name des Feuers

Die Bäume
Flammenblätter in den Kronen

Nebel naht
und will bleiben.
Ich schick ihn weg,
ins vergangene Jahr.

Was ich gesucht, hab ich vergessen.
Ob du mich liebst, weiss ich nicht mehr.

Doch nachts
werden keine Fragen gestellt.

Nachts
schau ich in deine Herbstaugen
und
tanz Tango mit dir
in den Flammenkronenbäumen.

Mondfeuer

Jury

Iris Harlammert (Herten)
Geboren 1965 in Recklinghausen. Lebt in Herten. Liebt Frauen und Katzen, Bücher und Dada. Schreibt Lyrik und Kurzprosa. Viele Jahre Leiterin der Literarischen Werkstatt in Marl.

Hans van Ooyen (Recklinghausen)
Schriftsteller und Fotokünstler, Jahrgang 1954, geboren und aufgewachsen in Duisburg-Rheinhausen, Studium der Germanistik und Philosophie in Bochum, langjährige Tätigkeit als Lektor und Cheflektor eines Verlages, danach Diplom Marketing-Management in Dortmund, 1991-2001 Marketingleiter einer Werbeagentur in Dortmund/Berlin/Potsdam, langjähriges Mitglied des Verbandes deutscher Schriftsteller, davon acht Jahre Mitglied des NRW-Landesvorstandes und stellvertretendes Mitglied des WDR-Rundfunkrates. Hans van Ooyen veröffentlichte als Schriftsteller u.a. die Erzählbände „Fangschuß" und „Das Bild auf ihrer Haut" sowie den Lyrikband „Liebesflüstern". Seine Texte sind in 20 Sprachen übersetzt und wurden z.B. mit dem Deutschen Kurzgeschichtenpreis, dem Literaturpreis der Stadt Aachen und dem Alfred-Kitzig-Preis ausgezeichnet. Als Fotokünstler publizierte er in renommierten Zeitschriften im In- und Ausland. Seine Bücher „Close to You - erotic moments", „City-Lights" und „Erotic Colours" begründeten seinen Ruf, einer der führenden Fotokünstler Deutschlands zu sein.
Weitere Informationen unter: www.van-ooyen.de

Heinz-Ulrich Tenkotten (Marl)
Geboren 1957, verheiratet, ein Kind. Lebt als Hausmann und schreibt. Mal dies mal das. Verschiedene Veröffentlichungen, unter anderem: „Die Hexen von Katernbusch", Georg Bittner Verlag (1992)

Andreas Sticklies (Gelsenkirchen)
1962 geboren. Zahlreiche Veröffentlichungen und Lesungen im gesamten Bundesgebiet. Initiator von „Lyrik 2000 S".
Weitere Informationen unter www.sticklies.tv

Die Autorinnen und Autoren

Preisträgerinnen und Preisträger

1. Preis
Dr. Sabrina Hausdörfer
1956 wurde Dr. Sabrina Hausdörfer in Berlin geboren, wo sie auch Grundschule und Gymnasium besuchte und an der Technischen Universität Literaturwissenschaft und Philosophie studierte (1981 Magister Artium, 1985 Promotion zum Dr. phil.).
Sie hat während ihres Studiums als Tutorin gearbeitet und einige Fachbeiträge veröffentlicht. Seit Anfang 1986 ist Dr. Hausdörfer in einer Institution des Bundes angestellt und betreut die Datenbanken ihrer Fachgruppe. Sie lebt mit ihrem siebenjährigen Sohn in Berlin. Sie gewann bereits beim vergangenen Wettbewerb (für das Jahr 2004) mit dem Beitrag „Unterwelt - triadisch".

2. Platz
Volker Best
Jahrgang 1947. Gelernter Schriftsetzer und Diplom-Sozialarbeiter. Volker Best war in beiden Berufen über 30 Jahre tätig.
Veröffentlichungen: Volker Best und Erich Werner: Gedichte und Linolschnitte, Mappe mit 12 Blättern, Oberursel 2004; Transit - Gedichte, Cornelia-Goethe-Literaturverlag, Frankfurt am Main 2004, Anthologie „Neue Literatur", Cornelia-Goethe-Literaturverlag, Frankfurt am Main 2004

3. Platz
Eckhard Schmidt-Dubro
Aus Westpreußen stammend; Flucht, Abitur in Göttingen; Redaktionsvolontär in Kassel; Studium am Deutschen Institut für Film und Fernsehen in München; Redakteur, Autor in Verlagen in Düsseldorf, Frankfurt und Darmstadt. Weiterbildendes Studium Universität Mannheim und Hagen (Literaturwissenschaft, Philosophie, Psychologie): freier Schriftsteller; mehrere Veröffentlichungen und Erfolge bei Literarischen Wettbewerben.

4. Platz
Ulrike Brügger
Geboren 1963, lebt in Detmold, Veröffentlichungen in Zeitschriften, Anthologien und im Internet unter www.weniger-lesen.de

Weitere Autoren und Autorinnen, alphabetisch geordnet:

Kerstin Becker
Geboren 1969 in Frankenberg, lebt in Dresden. Schriftsetzerin, Friedhofs-
gärtnerin, Kellnerin, seit 2000 freie Autorin. Schreibt Lyrik und Kinderge-
schichten. Verschiedene Veröffentlichungen in Anthologien, literarische
Preise. Kinderbuch: „Der wilde Löwe Samosai", Persbuch Verlag, 2005.

Gerd Berghofer
Geboren 1967 in Nürnberg, lebt in Georgensgmünd, Mittelfranken.
Schreibt seit 1986 Lyrik, Prosa und Essays, schreibt für Zeitungen und
Zeitschriften sowie den Hörfunk, zusätzlich zahlreiche Auftritte als Rezita-
tor. Veröffentlicht in nahezu allen namhaften Zeitungen und Literaturzeit-
schriften in D + A. Verschiedene Einzelpublikationen und Anthologie-
Beteiligungen, zuletzt: „Sprachverknappung", Gedichte, Wiesenburg-
Verlag, Schweinfurt 2004. Mehrere Preise. VS-Mitglied.

Doris Bewernitz
Geboren 1960 in Mecklenburg. Lebt seit 1980 in Berlin. Zwei erwachsene
Söhne. Tätigkeit in verschiedenen sozialen und medizinischen Berufen.
Konzentration aufs Schreiben seit 1995. Schreibt Kurzgeschichten und
Gedichte. Neun Bücher im Selbstverlag, Veröffentlichungen in diversen
Anthologien.

Elisabeth Blöcker
Geboren 1951 in Mühlenfeld, Holstein. Studium der Germanistik, Anglis-
tik und Philosophie in Göttingen. Pädagogik-Studium in Tübingen und
Hamburg. Veröffentlichungen in Literaturzeitschriften und Anthologien
(zuletzt in: „Poetische Porträts", hrsg. v. Chromik und Heimann, Husum-
Verlag 2005; federwelt, krautgarten, macando)

Magdalena Bott
Geboren 1961 in Bad Kreuznach, lebt seit über zwanzig Jahren in Saarbrü-
cken, wo sie zunächst Musikwissenschaft studierte. Nach einem chaoti-
schen Berufsleben ist sie nun wegen einer langjährigen Krankheit im Ru-
hestand und kann sich ganz der Literatur widmen.

Carmen Caputo

Geboren 1965 in Iserlohn, lebt dort als Autorin und Dozentin (VHS). Ausbildung als kaufmännische Angestellte. Längere Aufenthalte in Kalabrien. Herausgeberin von „Pablo", den kostenlosen Iserlohner Caféhausblättern. Verschiedene Preise und zahlreiche Veröffentlichungen in Anthologien, Zeitschriften, Hörfunk.

Jürgen Cissarek

Geboren 1958 in Gelsenkirchen. Bürokaufmann und Bilanzbuchhalter, ab 1990 in leitender Funktion in verschiedenen Firmen und Branchen. Seit 2002 (nach einer biographischen Zäsur) frei und nebenberuflich tätig und seit 2004 freier Autor. Veröffentlichungen seit 1981 in Zeitschriften, Zeitungen, Magazinen und Anthologien. Preisträger eines Schreibfeder-Schreibwettbewerbes, verschiedene Anthologieveröffentlichungen. Schreibt Lyrik, Prosa, Satire, Dramen.

Yvonne von Croy

Geboren 1971 in Passau. Studium der Kunstgeschichte, Literaturwissenschaft und Philosophie in Passau und Tours, Frankreich. Nach dem Studium Mitwirkung am Aufbau einer kunstgeschichtlichen Bibliothek am Centre Allemand d'Histoire de l'Art in Paris. Im Moment wohnhaft in München. Freiberufliche Tätigkeit. Doktorarbeit.

Alois Eder

Geboren 1948. Mag. phil., Mittelschullehrer für Deutsch und Geschichte. Mehrere (Einzel-)Veröffentlichungen, u.a. „Wortlanzen mit Widerhaken." Aphorismen, Krems, Österr. Literaturedition, 1992. Mitbegründer der Literarischen Gesellschaft St. Pölten und ihrer Zeitschrift Limes, jetzt @cetera. verschiedene literarische Preise.

Dr. Paul Eßer

Geboren 1939 in Mönchengladbach, Kindheit in Österreich. Studium der Germanistik, Anglistik und Philosophie in Köln. seit 1964 Gymnasial- und Hochschullehrer in NRW und im Ausland. Promotion mit einer sprachphilosophischen Arbeit an der Uni Düsseldorf. Seit 1976 Arbeit als Studiendirektor in Viersen. Heute Pensionär. Veröffentlichung von Romanen, Erzählungen, Gedichten und Essays. Übersetzungen aus dem Spanischen und Portugiesischen, ...

Jolanda Fäh-Weilenmann
Geboren 1956, verheiratet, drei erwachsene Kinder. Gelernte Schriftsetzerin, Korrektorin, Journalistin. Schreibt hauptsächlich Kurzgeschichten und Lyrik.

Annemie Fetten-Winklhofer
Rentnerin, lebt in Rommerskirchen. Schreibt Prosa (Autobiografisches, Märchen, Kurzgeschichten) und Lyrik. Veröffentlichungen in verschiedenen Anthologien. 2000 Literaturpreis der Gemeinde Rommerskirchen. www.woertlichkeiten.de

Ute Fischer
Geboren 1958 in Schwelm/NRW. Diplom-Ökonomin. Bis 1993 Arbeit und Leben in Belgrad und Cairo. Mutter zweier Kinder. Grundlagenstudium Bildende Kunst/Webdesign. Seit 2002 Sprachförderung für Ausländerkinder im Grundschulalter. Seit 2004 Schreiben von Kurzgeschichten, Leitung von Schreibwerkstätten für Kinder und Jugendliche, Mitglied bei zwei Schreibgruppen. www.bluefischer.de

Jürgen Flenker
Geboren 1964 in Coesfeld/Westf., zahlreiche Veröffentlichungen in Zeitschriften und Anthologien, 4. Preis Lyrik 2000 S für das Jahr 2001, Preisträger beim Weltbild-Autorenwettbewerb 2002, Anerkennungspreis beim Wiener Werkstattpreis 2005, lebt als Vielleser und Quartalsliterat in Münster.

Nicolas Flessa
Geboren 1978 in München. Studium der Ägyptologie, Archäologie und Religionswissenschaft in München und Wien. Produktion des Theaterstücks „Mein Bruder/Du/Ich lebe", Lesungen und kleinere Filmprojekte. Anthologieveröffentlichung.

Petra Miriam Frankovic
Geboren 1959 in Lübeck. Fremdsprachenkorrespondentin/Übersetzerin für Englisch und Französisch. 1980 Umzug nach Berlin. Schauspielausbildung. Theater- und Filmengagements. Dozentin an der Akademie für Fremdsprachen, Synchronsprecherin, Texterin. Heute freiberufliche Drehbuchautorin u.a. für PRO 7, ARD, RTL. Zirka 2000 dem Tango Argentino verfallen.

Frederike Frei
Geboren 1945 in Brandenburg/Havel, aufgewachsen in Rotenburg/Wümme, Bonn, Hamburg. Studium Germanistik, Theologie, Theaterwissenschaft. Schauspielstudium. Schauspielerin in Wilhelmshaven und Hamburg, div. Filme. Zahlreiche Preise, Stipendien und Veröffentlichungen, u.a. „Ich Dich auch", Eichborn-Verlag, Frankfurt am Main 1986. Hörspiel im Saarländischen Rundfunk, Arbeit an Romanen, sozial-kulturelles Engagement.

Gila Grawe
Geboren 1949, lebt in Rheinberg. wort- und schreiblustige „Niederreimerin", Initiatorin der Schreibwerkstatt „Leichte Feder", regelmäßige Lesungen an Rhein und Ruhr, Veröffentlichungen in Lyrik- und Prosaanthologien.

Hans-Joachim Griebe
Geboren 1950. Studium der Philosophie, Geschichte, Literaturwissenschaften. Gießereihilfsarbeiter, Lagerarbeiter, Abteilungsleiter Backbedarf, Sachbearbeiter Kalksandsteinwerk, Verkäufer Orientteppiche, Nachrichtensprecher, Buchmachergehilfe, selbständiger Weinhändler, Drehbuchautor, Geschäftsführer Wettbüro, selbständiger Buchmacher, Filialleiter Weinhandel. Seit 2003 freier Schriftsteller. Beteiligung an Anthologien.

Tobias Grimbacher
Geboren 1975 in Ulm/Donau, aufgewachsen auf der Schwäbischen Alb. Studium der Meteorologie in Bonn. Promotion in Zürich. Momentan tätig als Medienmeteorologe bei *MeteoNews*. Lebt und wirkt in Zürich. Mitarbeit in verschiedenen Autorengruppen. Lesungen; Veröffentlichungen in Zeitschriften und Anthologien. Schreibt vor allem Lyrik und Theaterstücke.

Ulf Großmann
Geboren 1968 in Freiberg (Sachsen), Veröffentlichungen von Lyrik, Belletristik und Rezensionen in Zeitschriften und Anthologien, lebt und arbeitet in Dresden.

Dr. med. Frank Hanisch
Geboren 1971 in Altdöbern (Niederlausitz). Medizinstudium an der Universität Leipzig. Diverse Auslandsaufenthalte, seit 2000 wissenschaftlicher Mitarbeiter an der Neurologischen Klinik der Martin-Luther-Universität Halle-Wittenberg. Forschungsstipendiat. Mitarbeit bei amnesty international. Veröffentlichung von Gedichten und journalistischen Beiträgen in Zeitungen, Zeitschriften und Anthologien. Siegfried-Grundmann-Preisträger.

Dörte Herrmann
Geboren in Pößneck/Thüringen, 32 Jahre. Lebt in Berlin mit Tochter. Schreibt Prosa und Lyrik, Artikel und Kindergeschichten, die sie selbst illustriert. Zahlreiche Veröffentlichungen. www.doerte-herrmann.de

Renata Juliane von Hoessle
Geboren 1979 in Kuweit geboren, als Tochter eines deutschen Diplomaten und einer indischen Mutter. Kindheit in Algier und Bonn. 1999 zog es die Autorin nach Berlin. Abitur, Magisterstudium der indischen Philosophie und vergleichenden Literaturwissenschaften. 2001 Wechsel zum Studium der Orientalischen Kunstgeschichte, Indologie und Klassischen Ärchäologie in Bonn. 2002 Arbeit bei einer Entwicklungshilfeorganisation in Rajasthan. 2003 Praktikum bei der deutsch-indischen Handelskammer in Mumbai. Anthologieveröffentlichungen.

Tilman Hoffer
Geboren 1988 in Bremen. Lebte in Moskau, nun in Genf. Schüler

Sandra Hummel
Geboren 1967 in Dormagen, ist freischaffende Künstlerin. Die Sängerin und Malerin lebt und arbeitet zur Zeit im Altmühltaler Städtchen Riedenburg. Seit einigen Jahren schreibt sie Kurzgeschichten, satirische Verse in bayrischer Mundart und Lyrik. Ihre Texte wurden bereits in verschiedenen Anthologien sowie Literaturzeitschriften veröffentlicht.

Marlies Kalbhenn

Geboren 1945 in Schötmar/Lippe. Mittlere Reife. Ausbildung zur Buchhändlerin in Hamburg. Arbeit als Buchhändlerin in Buchhandlungen und in einer Hochschulbibliothek in Münster. Studium der Erwachsenenbildung. Heute freie Mitarbeiterin u.a. bei der Volkshochschule im Fachbereich Literatur. Seit 1999 Autorin. Lyrik und Kurzprosa. 1999 Wilhelm-Busch-Preis Stadthagen. Außerdem zweimal Kulturpreis des Kreises Minden-Lübbecke für Amateurtheater. Frauen-Power-Preis für ehrenamtliches Engagement im sozialen und künstlerischen Bereich. Bisher sieben Buchveröffentlichungen und Beiträge in verschiedenen Anthologien. Tango gelernt vor mehr als dreißig Jahren in Münster, ihn seit damals aber nie mehr getanzt. Leider!

Srđan Keko

Geboren am 13. - Freitag natürlich 1950 in Zagreb, Kroatien. Liest seit dem vierten Lebensjahr. Seit 1965 in der BRD. Fremdsprachenkorrespondent, Übersetzer, Dolmetscher. Ausbilder von Fremdsprachenkorrespondenten, Dozent und Korrektor für Deutsch, Englisch und Kroatisch. Korrigierte fast alle europäische Sprachen, aber auch Chinesisch und Japanisch. Schreibt seit 1982 Satiren, politisch-satirische Gedichte, Kekorismen, Erzählungen, Theaterstücke, ... Lesungen, Hörfunksendungen. VS-Mitglied. Drei Preise, ein Stipendium.

Inka Kleinke-Bialy

Geboren 1960 als „Giessener Schlammbeißerin". Universitätsabschluss als Diplom-Fachsprachenexpertin, Marketing-Kommunikation für Laborgeräte. Mann, Kind, Umzüge, verschiedene Mini-Jobs „- seit über fünf Jahren mit Herz und Seele schwarzbewaldet". Lesungen, Anthologieveröffentlichungen, literarische Preise. Schreibt Lyrik und Kurzgeschichten.

Iris Köhler-Terz

Geboren 1961 in der Nähe von Plau am See. Verheiratet, eine Tochter, ein Sohn, eine Enkeltochter. Ehemals Kindergärtnerin, zur Zeit Angestellte in einem Klinikum. Schreiben, Lesen, Tanzen. Verschiedene Anthologieveröffentlichungen. www.iris.lyrik.beep.de

Ralf-Günter Krolkiewicz

Geboren 1955 in Erfurt/Thüringen. Elektroniker, Schauspielstudium. Schauspieler und Regisseur in Potsdam. Stasi-Inhaftierung. Abschiebung in die Bundesrepublik 1985. 1996 Rückkehr nach Potsdam. 1997-2004 Intendant des Hans-Otto-Theaters in Potsdam. Lebt in Bredow/Havelland. Zahlreiche Veröffentlichungen (Kantate, Stücke, ...) Autorenpreis beim Heidelberger Stückemarkt 2004, Baden-Würtembergischer Landespreis für Volkstheaterstücke 2005.

Monika Maria Kübler

Geboren 1955 in Saulgau, staatlich anerkannte Diplom-Heilpädagogin, Multitalent, Hausfrau und Mutter von vier Kindern. Schreibt, seit sie schreiben kann: für den Hausgebrauch, um sich auszudrücken und mitzuteilen, aus Liebe zur deutschen Sprache. Lyrik, Kurzgeschichten, ein Libretto, zwei Bilderbücher, schwäbische Mundart. Bisher nur private Veröffentlichungen. 1996 1. Preis und Lesung in regionalem Mundartwettbewerb Göppingen.

Olaf Kurtz

Geboren 1968 in Köln. Studium der Chemie und Promotion in Berlin. Zahlreiche Veröffentlichungen in Anthologien und Zeitschriften. Leserpreis 2001 und Preisträger 2003 beim Wiener Werkstattpreis (Lyrik) sowie im Wettbewerb *Musik* der Literaturzeitschrift Torso (2004). Lebt als Chemiker und Autor in Berlin.

Bernd Lange

Geboren 1949 in Berlin, lebt in Stuttgart. Werbetexter und Werbekonzeptioner. „gebraucht das Wort als Lebenselexier". Was andere über ihn erzählen: „Vor meiner Schreibmaschine sitze ich, lebe ich. Freue mich über geglückte Worte, verfluche misslungene. Wenn der Mond mit seinen Schatten Sujets camoufliert, bin ich glücklich. Und wenn dann die Sonne wieder mit ihrer Evidenz prahlt, geht das Leben weiter." Verschiedene Anthologieveröffentlichungen.

Tobias Lewkowicz

Tobias Lewkowicz wurde am 10. Mai 1984 in Berlin geboren. Grundschule, Gymnasium; 2003 Abitur. Sommerferien in Amerika mit Versuch, Theaterstück zu schreiben. Literaturlabor Wolfenbüttel, Anthologiebeteiligung, Wannseeforum 2004. 3. Platz bei „Lyrik 2000 S" für das Jahr 2004.

Uta Lösken

Geboren 1962 in Aachen. Lehramtstudium Mathematik und Chemie, Ausbildung zur Organisationsprogrammiererin. „In diesem Beruf habe ich in der Nähe von Aschaffenburg gearbeitet, bis wir (ich bin verheiratet) aus dem bayerisch-hessischen Grenzgebiet zurück nach Nordrhein-Westfalen gezogen sind". Seit etwa zwei Jahren selbständig als Nachhilfelehrerin. Schreibt Kurzgeschichten, Reiseimpressionen, Lyrik. Malt, u.a. Landschaftsaquarelle.

Josef Memminger

Geboren 1972 in Deggendorf, aufgewachsen in Hengersberg/Niederbayern, 1991 Abitur. Studium der Germanistik und Geschichte. Lebt heute in Regensburg und arbeitet als Gymnasiallehrer und Universitätsdozent. Mitarbeit an verschiedenen historischen Publikationen. Literarische Veröffentlichungen in Anthologien und im Internet.

Christina Müller-Gutowski

Geboren 1953 in Bergkamen, wuchs im Ruhrgebiet auf. Studierte Erziehungswissenschaften, Soziologie und Psychologie in Münster. Lebt mit Mann und Söhnen seit 1979 in Düsseldorf. Schreibt Kurzprosa und Gedichte. Mitglied in Literaturgruppen, zahlreiche Lesungen. „Geprägt durch die direkte und wortkarge Sprache des Ruhrgebiets fühle ich mich der Sparsamkeit der Mittel verpflichtet."

Wolfgang Nitsche

79 Jahre, verheiratet, drei Kinder, sechs Enkel, vier Urenkel.
Ingenieur für Landmaschinen und Dipl-Ing. Maschinenbau, Zusatzstudium Pädagogik/Psychologie, Lehrbefähigung. Fachlehrer für Maschinenbau. Jetzt Rentner, lebt in Gotha, Thüringen.
Nitsche schreibt Geschichten, Erzählungen, Alltagspersiflagen, Gedichte, Jugendbuch. Buch: „Das Horoskop und andere Gemeinheiten", spotless-Verlag Berlin 1996. Über 20 Veröffentlichungen (Prosa und Lyrik) in Anthologien. Literaturpreise.

Günter Nuth

Geboren 1952 in Düsseldorf, Studium der Baubiologie. Einsatzleiter einer Berufsfeuerwehr, Fachberater für Psychotraumatologie (DIPT). Schreibt seit zehn Jahren Texte, Gedichte, Aphorismen, Kurzgeschichten. Thematisiert menschliche Begegnungen im Alltag, Gedanken zur Liebe und Lebendigkeit und beschreibt skurrile und schockierende Erlebnisse aus seinem Berufsleben. Verschiedene Veröffentlichungen in Anthologien und in Büchern.

Judith Stadlin an Orsouw

Geboren 1959 in Zug (CH), lebt in der Schweiz. Autorin, Schauspielerin, Regisseurin. Diverse Fernsehengagements. Lehrtätigkeit, Choreografien, ...Literaturstipendium. Weitere Infos auf der website www.satzundpfeffer.ch

Mario Osterland

Geboren 1986 in Mühlhausen/Thüringen. Abitur, Zivildienstleistender. Lyrik und Prosa. Einige Gedichte und Geschichten wurden bereits in diversen Anthologien und Literaturzeitschriften veröffentlicht. 2004 Preis beim Literaturwettbewerb der Heinrich-Böll-Stiftung Thüringen e.V., 2005 Förderpreis des Jungen Literaturforums Hessen-Thüringen.

Natalia Pomeranzeva

Geboren 1974 in Riga (Lettland), lebt in Wien. Übersetzerin. Veröffentlichungen in Literaturzeitschriften und Anthologien.

Manfred Pricha

Geboren 1954 in Altötting. Studium der Wirtschafts- und Geschichtswissenschaften an der Ruhr-Universität Bochum. Autor, Wissenschaftlicher Dokumentar, Historiker. Lebt und arbeitet in Bochum, schreibt seit über 20 Jahren Lyrik: Veröffentlichungen in Zeitschriften, Anthologien und im Internet.

Wilhelm Rager

Geboren 1941 in Vöcklamarkt, Oberösterreich, Studium der Germanistik und Anglistik, Lehramtsprüfung für Deutsch und Englisch, nicht abgeschlossene Dissertation über die Dialogliteratur der Barockzeit. 1969 - 2000 AHS-Lehrer am Gymnasium. Intensives Engagement bei der Erforschung der Ur- und Frühgeschichte des unteren Innviertels, in Zusammenarbeit mit dem Bundesdenkmalamt Wien. Seit September 2000 im Ruhestand. Verheiratet, zwei Kinder. Verschiedene Veröffentlichungen. Preisträger des Wilhelm-Szabo-Lyrikpreises 2002.

Norbert Rheindorf

Geboren 1969, lebt in Niederkassel bei Bonn. Gelernter Naturwissenschaftler, heute in der IT-Branche, Veröffentlichungen im Internet, in Literaturzeitschriften und Anthologien.

Dario da Riva

Geboren 1951 in Zürich. Wollte immer schon Erfinder werden. Schließlich studierte er Elektrotechnik und Informatik, immer wieder lockte ihn daneben auch die Feder. Neben zahlreichen Fachartikeln hat er sich in den letzten Jahren vermehrt auch Krimis und Fantasy zugewandt. Vor ein paar Jahren hat er auch eine andere Leidenschaft entdeckt - das Tanzen (nicht nur Tango).

Tobias Roth

Geboren 1985 in München, dort Grundschule und Gymnasium, beides reibungslos. Ab dem achten Lebensjahr nacheinander Unterricht auf den Instrumenten klassische Gitarre, westafrikanische Percussion, Querflöte. Etwa um das Jahr 2000 begann sich Begeisterung für rezipierte und praktizierte Literatur herauszubilden, seit 2002 auf Anregung einer Freundin häufig Tango getanzt (auch einige Zeit im Verein). Seit Oktober 2005 wohnt der Autor in Freiburg, wo er Deutsche Sprach- und Literaturwissenschaft und Kunstgeschichte studiert.

Rebecca Maria Salentin

Geboren 1979, lebt in Leipzig. Redaktionsassistenz bei EDIT-Papier für neue Texte, Rezensionen für den Leipzig-Almanach, Online-Redaktion bei verschiedenen Leipziger Stadtmagazinen, Teilnahme am 13. Open-Mike, 2 Söhne.

Rotraud Sarker

Geboren in Detmold, Nordrhein-Westfalen. Freischaffende Schriftstellerin und Künstlerin. Lebt in der Nähe von London, England. Buchveröffentlichungen: „Weisse Trauben", Gedichte, Otto Müller Verlag, Salzburg (1989), und „Die Farben des Windes", Gedichte, Otto Müller Verlag Salzburg (1994). Veröffentlichungen in deutschsprachigen Zeitschriften, Zeitungen und Anthologien. Zahlreiche Literaturpreise, u.a. 2. Platz bei „Lyrik 2000 S" für das Jahr 2002.

Marlen Schachinger

Geboren 1970 in Oberösterreich. Studium der Komparatistik, Germanistik, Französisch und Ästhetik. Verschiedene Preise und Stipendien. Mehrere (Einzel-)Veröffentlichungen. www.marlen-schachinger.com

Knut Schaflinger

Geboren 1951 in Graz/Österreich. Studium in Wien, freier Filmemacher und Redakteur bei den ARD-Tagesthemen in Hamburg, Dozent an der Bayerischen Akademie für Fernsehen in München, wohnhaft in Hamburg und Friedberg/Bayern. Zahlreiche Veröffentlichungen in Literaturzeitschriften und Anthologien, letzter Einzeltitel: „Scherben und Mosaike", Edition Thaleia, St. Ingbert 2005. Verschiedene Auszeichnungen.

Maria Schmetz

Geboren 1948 im Rheinland, verheiratet, drei erwachsene Kinder. Studium der Fächer Deutsch, Kunst, Religionspädagogik. Unterrichtstätigkeit an verschiedenen Schulen. Schreibt seit drei Jahren Kurzgeschichten und Gedichte. Veröffentlichungen in verschiedenen Anthologien.

Alma Marie Schneider

Geboren 1952 in Mittelfranken, studierte Grafik-Design und später E-Technik. Die letzten 14 Jahre arbeitete sie als Projektmanagerin und leitete weltweit Forschungs- und Entwicklungsprojekte. Hobbies: Malerei, exotische Länder und Kulturen, die Tropen, Fotografieren, Musik und seit Ende 2001 auch leidenschaftliche Schreiberin. Ihre Gedichten wurden bereits in zahlreichen Anthologien und Zeitschriften veröffentlicht.

Werner Vogel

Geboren 1964 in Wien, Studium der Germanistik und Geschichte, seit 1990 Lehrer an Wiener Gymnasien, Co-Autor mehrerer Schulbücher für den Deutschunterricht; ab 1980 literarisch tätig, Literaturstipendium des Bundesministeriums 1990, Veröffentlichungen in zahlreichen Anthologien, Literaturzeitschriften, in Tageszeitungen und im Hörfunk. Mehrere Einzelveröffentlichungen, zuletzt: „Wo die Stirnreihe endet. Gedichte", Edition Innsalz, Aspach 2005

Helen Weiss

Geboren 1971 in Bonn. Schulausbildung, Arbeit in verschiedenen Berufen. Ausbildung als Gärtnerin und Floristin. Seit vier Jahren selbständige Journalistin in einem Pressebüro in Basel. Artikel zu unterschiedlichen Themen für zahlreiche Tageszeitungen und Fachzeitschriften der Schweiz. 1997 Gewinn des „Stauffacher Lyrikpreis Bern".